AF315574

A LA MÉMOIRE

D'UN FILS

<TOURS

IMPRIMERIE PAUL BOUSREZ
5, RUE DE LUCÉ, 5

A LA MÉMOIRE

D'UN FILS

L'âme renferme souvent des trésors de vertus, des perfections inconnues, des diamants
célestes. Parmi ces âmes, il y en a d'héroïques,
capables de grandes actions qui attirent non
seulement le regard des hommes, mais celui
de Dieu même. Il y en a d'autres qui, humbles et cachées, ne sont pas appelées à l'hé-
roïsme éclatant, mais n'en ont pas moins
d'immenses mérites devant Dieu. Celles-là
croissent dans l'ombre, voilées à tous les
regards. Comme la violette, elles ne tra-
hissent leur présence que par la douceur de

leur parfum. Ces sortes d'âmes, plus igno-
rées, mais que Dieu et les anges contemplent,
portent souvent en elles-mêmes un fond de
courage, une constance de patience, une abnégation, qui en font des pierres également
précieuses pour la construction de la Jéru-
salem céleste. Au jour des grandes mani-
festations, ne pouvons-nous pas espérer de
voir avec ravissement ces petites pierres
nombreuses de la terre, briller comme des
soleils dans le royaume des Cieux?

C'est à l'une de ces âmes humbles et igno-
rées, mais agréables à Dieu que ce modeste
récit est consacré.

Après avoir supporté, pendant sept années,
l'épreuve d'une maladie de poitrine, avec
ses phases diverses, apportant tour à tour
l'espérance et le découragement, Paul N...
rendait le dernier soupir à Nice, le 5 février 1884, à l'âge de 36 ans.

Dans quelle proportion a-t-il ressenti les espérances et les découragements? nul ne le sait. La résignation et le courage étaient les deux vertus où se retrempait son âme aux prises avec l'épreuve de la maladie, maladie dont il avait sans doute mesuré la longueur et accepté les souffrances et les privations. La plus grande pour lui fut surtout l'éloignement des siens, car, sans le laisser beaucoup paraître, il avait un cœur chaud et aimant. Ce qu'il y a eu d'admirable dans sa soumission aux décrets providentiels, c'était la simplicité qu'il y apportait. Si on ne l'eût connu, on n'aurait pas soupçonné quel sacrifice lui était imposé par son exil dans le Midi, par sa carrière brisée, par le regret de ne plus se suffire à lui-même, depuis qu'il avait dû abandonner le ministère des Finances. Son attitude, ses paroles, ses lettres n'en ont presque rien révélé. D'une humeur toujours égale, et plein d'abnégation, il ne se plaignait pas; il n'était même pas triste, et bien loin de murmurer et de gémir, il montrait souvent de la gaieté, plaisantant doucement de ses misères, et cherchant à présenter les choses sous leur jour favorable.

Quelques extraits de ses lettres montreront non seulement cette résignation calme et simple, cette affection pour les siens et ce manque complet d'égoïsme, mais aussi sa fermeté dans ses convictions et la manière dont il avait conservé les principes dans lesquels il avait été élevé, sans jamais dévier de la droite ligne. On y verra aussi combien cette nature modeste était facilement reconnaissante. Cette modestie n'a laissé entrevoir qu'à peu de personnes les qualités qu'elle couvrait. Cependant quelques lueurs révélatrices ont été, pour une mère bien profondément affligée, une joie dans la douleur. C'est par des fragments de lettres de ce fils à sa mère, qu'on pourra connaître un peu celui qui a voulu se cacher, mais dont la vie et la mort peuvent cependant contenir des enseignements.

Avant de le laisser parler dans ses lettres, il convient de dire ce qu'elles ne révèleront pas : un caractère alliant à une profonde

énergie une douceur telle que personne ne
l'a vu dans la surexcitation de l'impatience ;
cette énergie le rendait non seulement fort
contre la souffrance, mais fort contre les séduc-
tions de la vie ; il n'a pas connu les défaillances
de la jeunesse ; l'honneur, la droiture, la possession de lui-même, toutes ces belles qualités
étaient son partage. L'ecclésiastique chez
lequel il était en dernier lieu disait de lui :
« On voit que Paul a tout vu, mais que rien ne
l'a atteint, et qu'il a passé à côté du mal sans
s'en laisser effleurer. » Il admirait cette fleur
d'innocence gardée intacte, et sa mère était
heureux d'entendre ce digne prêtre lui
affirmer que Paul lui avait dit des choses
qu'il n'oublierait jamais, et qu'il n'avait jamais
entendu dire à nul autre.

Conciliant et bon, il cédait volontiers aux
désirs des autres ; ceux de ses parents étaient
sacrés pour lui. Raisonnable, économe
et rangé, il ne leur a jamais donné aucun
sujet de plaintes sérieuses. Plein de confiance
en sa mère, il n'avait pas de secrets pour elle,
et elle pouvait d'autant mieux être initiée à

ce que ressentait ce cœur, à ce qui se passait dans cette âme, que jamais on n'a poussé plus loin la franchise et l'amour de la vérité.

Le 21 novembre 1866, veille de la Sainte-Cécile, fête de sa mère, il lui écrivait du collége des jésuites de Poitiers les lignes qui suivent; il était question de réparer l'échec qu'il avait éprouvé à son examen pour le baccalauréat, en se préparant à nouveau chez un professeur préparateur de Poitiers.

« Aujourd'hui, je veux te souhaiter ta fête
« et te remercier de toutes les prières que tu
« as adressées au Ciel pour moi. J'ose es-
« pérer que Dieu daignera bénir le but que
« je me propose. — La pensée de ce chan-
« gement ne me quitte pas, je commence à
« me connaître assez pour savoir que, mal-
« gré tous les bons principes et tous les bons
« exemples dont je dois te remercier en
« même temps que Celui qui t'a fait me les
« inculquer, je cèderais avant peu, et j'arri-
« verais, surtout dans ces temps de crises re-
« ligieuses, à vivre de la même façon que

« tant d'autres. Voilà le premier inconvé-
« nient que je trouverais à rester dans cette
« ville ; il en existe un second, c'est que mon
« départ du collège pourrait être mal inter-
« prété ; je serais heureux de venir encore
« entendre la messe le dimanche à mon
« Saint-Joseph, mais, en dehors de cela, je
« reculerais devant le désagrément que mon
« imagination grossit peut-être…Adieu, chère
« mère, demain je penserai à sainte Cécile,
« en lui demandant de te récompenser de
« tes sacrifices et de tes ennuis à mon égard. »

Un peu plus tard, Paul N…, ayant décidé-
ment été mis à Paris, dans une maison de
préparation au baccalauréat, faisait connaître ainsi ses impressions à sa mère :

« Mon opinion, sur le caractère et les con-
« victions des jeunes gens qui sont ici, n'a
« pas changé. Pris isolément, ils se sou-
« viennent d'une éducation, pour la plupart,
« bonne et distinguée ; tandis qu'ensemble,
« ils perdent ce cachet et deviennent de vé-
« ritables étudiants. Je ne suppose pas que

« ce soit manque de Foi ; mais quand on
« fait la prière, aucune manifestation exté-
« rieure n'a lieu, sinon de la part de M. D...,
« ou de celui que j'appellerais son suppléant,
« M. G..., et... tu attends sans doute avec le
« cœur que Dieu t'a donné que je te dise ce
« que je fais : et bien moi, je ne crains pas de
« me frapper la poitrine, non plus que de faire
« les signes de croix. Je crois, Dieu merci
« (c'est une véritable confession, qui n'en est
« que plus méritoire, n'étant pas obliga-
« toire), je crois n'être plus victime ni esclave
« du respect humain. Je continue ma con-
« fession ; les mères sont si heureuses de
« connaître à fond leurs enfants, surtout au
« point de vue religieux pour pouvoir les
« diriger, selon que leur dictent la conscience
« et l'expérience. Je ne craindrai donc pas
« de te dire qu'à Saint-Louis j'avais beaucoup
« de respect humain, surtout dans les der-
« niers temps. En entrant à Saint-Joseph,
« longtemps je n'ai pas pu me décider à re-
« prendre le dessus ; mais le courant était
« bon et portait à la vertu, je n'ai pas lutté

« longtemps contre ce courant, et maintenant
« me voici en assez bonne voie, ayant une
« force acquise qui ne peut se détruire sur-le-
« champ; mais une rechute ne m'attend-elle
« pas? je ne sais ; espérons toutefois que les
« vraies pensées du cœur d'un chrétien me
« resteront toujours présentes à l'esprit et me
« feront une douce et bien salutaire violence.

« Monsieur D..., hier, me proposait d'aller
« à un Salut; ceci te le fera connaître. Ce
« que j'aime bien et ce qui me ferait supposer
« qu'il a été élève des Jésuites, c'est qu'il
« ajoute à la prière le *Memorare*. »

Ailleurs il disait : « Chère mère, tu ne m'as
« jamais écrit une lettre qui me fût aussi
« agréable; s'il y en a que tu ne me per-
« mettes pas de conserver, que ce ne soit
« pas celle-là. Comment y répondre? je ne
« sais, mais je puis t'assurer qu'elle est bien
« comprise et que, le Ciel aidant, et toi-
« même aidant, ce que tu me souhaites aura
« lieu, c'est-à-dire que je connaîtrai seule-
« ment le droit chemin qui fait arriver là où

« l'on ne parvient que par la pratique, quel-
« quefois rude, de la vertu. Je me réjouis de
« te voir bientôt ; je ne sais pourquoi je n'ose
« écrire tout ce que je te dirais. »

Après son diplôme obtenu, Paul N... était
entré au Ministère des Finances ; il y était
donc quand la guerre éclata, ce qui entraîna
pour lui les fatigues et privations du siège,
préparation lointaine, peut-être, à la maladie
qui devait l'emporter quelques années plus
tard. Son oubli de lui-même et sa sollicitude
pour les siens commencent à se montrer à
cette occasion. Paris allait être cerné, et il
écrit :

« Je suis convaincu qu'avant huit ou dix
« jours les voies nous seront coupées ; je
« te prie en grâce de n'avoir aucune inquié-
« tude sur mon sort ; ici je te répète que
« je n'ai pas même encore pensé à avoir
« peur des Prussiens ; mais hélas ! ils nous
« couperont la voie d'Orléans, et alors nous
« vivrons, ce semble, à mille lieues les uns

« des autres, parce que nous n'aurons plus
« le moyen de nous entretenir, même par
« écrit. »

Dans une autre lettre arrivée par ballon :

« D'après tout ce que je t'ai dit, tu dois être
« convaincue maintenant qu'il n'y a pas
« pour moi de dangers ; aussi mon désir est
« de rester ici, surtout à cause de l'intérêt
« immense, à mon avis, que j'y ai pour la
« conservation de ma place. Toutefois, si
« vous tous, de votre côté, vous désirez beau-
« coup me voir revenir à la maison, je le ferai
« avec une bien grande joie..... Je suis bien
« situé, rien à craindre pour moi tant que
« les batteries ne seront pas déplacées ; je suis,
« d'ailleurs, assez stoïque ; toutefois, je ne me
« couche pas le soir sans bien prier Dieu de
« me pardonner mes fautes, que je ne pour-
« rais peut-être pas accuser. Nous retrouve-
« rons-nous après ce cataclysme ? Je crois
« qu'il est méritoire de souffrir chrétienne-
« ment cette cruelle séparation ; c'est là la

« douleur la plus cuisante. Encore deux
« ou trois semaines, peut-être, à manger du
« pain gris et à le tremper dans son vin, et
« puis on respirera, si l'on n'a pas été rappelé
« par Dieu. Je ne sais pourquoi, malgré tous
« ces maux qui accablent en ce moment, je
« puis presque dire que je suis heureux ; c'est
« que ces maux ne m'atteignent pas ou du
« moins ne m'effraient pas ; ils ne me parais-
« sent pas bien durs à supporter, parce que je
« prie Notre-Seigneur Jésus-Christ de vou-
« loir bien m'aider à les endurer. Je lui de-
« mande encore qu'ils me soient comptés en
« expiation de tant de satisfactions sensuelles
« que j'ai à me reprocher... Je ne suis pas
« encore garde national et la patrie dédai-
« gne mes offres de service ; c'est qu'elle a
« mieux que moi dans son sein..... Nous
« savons, par les feuilles allemandes, que les
« Prussiens en se rendant à Tours ont dû
« passer par Loches. Cela m'a bien inquiété
« et me tourmente bien encore. Qu'ont-ils
« exigé? Vous ne me répondez pas ! Cruel
« silence ! mais je ne me plains pas ; espé-

« rons qu'ils n'ont usé que des droits de la
« guerre, c'est-à-dire demandé ce qu'il leur
« fallait pour vivre. Adieu, chers parents. Je
« vais reprendre ma chaîne, traîner mon bou-
« let; adieu, portez-vous tous aussi bien
« que moi, et ayez confiance en Celui qui est
« notre soutien. »

Souffrant, l'estomac délabré, et manquant
de combustible, mais toujours beaucoup plus
occupé de ses parents et de ses sœurs que de
lui-même, Paul écrivait de la bibliothèque de
la Sorbonne le 26 décembre :

« Peut-être trouvez-vous que j'ai été un
« peu longtemps sans vous écrire, cette fois ;
« une légère indisposition m'a privé de ce
« plaisir et je n'ai pu le faire avant ce jour. Si
« cette lettre vous arrive, car ce n'est jamais
« qu'une espérance, elle ne vous parviendra
« sans doute qu'après le 1er janvier, mais
« le retard du papier est peu de chose,
« quand il n'y a pas de retard de la part du
« cœur, et soyez-en sûrs, il n'y en a pas eu.

« A cette heure solennelle où Paris, peut-être,
« va succomber après tant de généreux efforts,
« plus que jamais nous devons nous unir par
« le cœur, et je dois vous adresser, plus ar-
« dents et plus vifs que jamais, mes souhaits
« de bonne année, de bonne santé. Il ne nous
« sera donc jamais possible de savoir si vous
« allez tous bien. A vrai dire, quand on y ré-
« fléchit, votre sort est bien plus triste et plus
« douloureux que le nôtre : il n'y a ici que
« l'estomac qui souffre (je fais abstraction du
« cœur), tandis que là-bas vous pouvez, d'un
« jour à l'autre, ouvrir forcément vos portes,
« peut-être même vos bourses, à de farou-
« ches envahisseurs de villes ouvertes. Si, du
« moins, on pouvait savoir quand on sortira
« de tout cela! Que de morts on comptera
« bientôt après un tel cataclysme! On paiera,
« on paiera tout, entend-on dire de tous
« côtés, mais rendez-nous nos parents, nos
« familles !... On souffre maintenant un peu;
« j'achète du pain et du vin, et je fais la
« dînette et la trempette ; cela vaut mieux que
« du chien qui m'a rendu bien malade pen-

« dant quatre jours. Quand on ouvrira les
« portes, on verra qu'il n'y a plus de ressour-
« ces. Dieu veuille qu'il n'y ait pas de déli-
« cats ne sachant pas se mettre au niveau
« de la situation... Quelle joie ce sera de se
« revoir après tant de maux, et surtout après
« la grande douleur d'une telle séparation !
« Dieu veuille que le voile qui nous empêche
« de voir ce qui se passe en province, dans les
« familles, ne tombe pas pour nous faire dé-
« couvrir des calamités et des infortunes que,
« nous autres Parisiens, nous ne soupçon-
« nons pas, à l'abri de nos forteresses et de
« nos remparts ?..... La fête de Noël qui, d'or-
« dinaire, est si gaie, s'est passée tristement ;
« mais aussi la ferveur et la vraie dévotion y
« ont gagné..... Si notre honneur est sauf, il
« faudra bien remercier le Ciel d'une leçon
« qui devra profiter à beaucoup. L'adversité
« et le malheur rendent sérieux et travail-
« leur, quel grand service les Prussiens nous
« auraient rendus ! »

Dans un grand nombre de lettres envoyées

par ballon, on retrouve à peu près ces mêmes
sentiments d'affectueuse sollicitude pour les
siens, de courage simple et masqué en quelque
sorte, car il semble que ce qu'il souffre est
toujours peu de chose ; ainsi devait-il être
aussi dans la maladie.

Au mois de février, les communications se
rétablissent enfin ; Paul recevait une lettre de
sa mère et y répondait :

« Ah ! quel bonheur, très chère mère ! voilà
« donc qu'enfin je sais ce que vous êtes tous
« devenus ! Cette écriture, qui toujours me
« fait tant de plaisir en temps ordinaire, m'en
« a fait, je t'assure, un bien grand aujourd'hui
« 10 février. Enfin, il semble que nous nous
« revoyons, que nous nous embrassons,
« comme au retour de l'exil. »

Suivent bien des questions et bien des détails, et l'assurance qu'il avait écrit un grand
nombre de fois, quoiqu'un petit nombre de
ses lettres fussent arrivées. Il raconte que,
pour vivre encore un peu avec les siens, dont

il n'entendait plus parler, il avait eu cette
pensée touchante de relire les anciennes lettres
qu'il possédait, retournant ainsi en arrière à
un temps plus heureux.

Dans une autre lettre, il fait encore éclater
sa joie de recevoir des nouvelles :

« Oh ! je te remercie de tout mon cœur !
« Avec de telles consolations d'un siège dont
« nous ne souffrons plus, puisque la nourri-
« ture nous arrive, je ne suis pas du tout à
« plaindre. Je puis espérer que vous recevez
« une lettre sur six. Je veux à tout prix que
« tu saches que je me porte à merveille, que
« je suis heureux, surtout parce que je vous
« sais en bonne santé et hors de danger, à
« Saint-Brieuc, avec cette bonne famille B...
« Je me repens vraiment de m'être trop la-
« menté sur une situation qui n'était pénible,
« en définitive, que pour l'estomac. Je ne parle
« pas du cœur... Oui, bien chère mère, il nous
« a fallu à certaines heures, durant ce long
« temps d'épreuve, que j'ai tâché de rendre
« méritoire, un peu de courage et surtout

« beaucoup de foi en la divine bonté de Celui
« qui ne châtie que pour rendre meilleurs
« ses enfants. »

En janvier 1873, lorsque ce terrible temps
de la guerre fut passé, avec ses souffrances et
ses enseignements pour qui savait en profiter,
les sentiments de Paul N... restèrent les
mêmes ; il écrit :

« J'ai été hier au Cercle catholique avec
« Joseph M... (c'était un de ses camarades de
« Poitiers ; celui qu'il avait le plus aimé).
« Je crois que je vais en faire partie dans quel-
« ques jours ; cela n'engage qu'à se bien con-
« duire, ce qui, jusqu'ici, ne m'a pas été dif-
« cile, et qui, j'espère, ne le deviendra pas,
« parce qu'il me semble que, grâce au secours
« du Ciel , j'ai fait mon choix irrévocable
« entre le bien et le mal. »

Plein de sollicitude pour ses sœurs, il disait
à sa mère dans une lettre du 2 mars 1874, en

parlant de sa plus jeune sœur, qui n'était pas encore mariée :

« Avec ses qualités, elle serait une excel-
« lente femme d'intérieur ; elle est faite pour
« rendre heureux ceux qui seront auprès
« d'elle, pour élever parfaitement ses enfants
« et se dévouer plus tard pour eux, comme
« toi, chère mère, tu t'es dévouée pour tes en-
« fants, et en particulier, pour celui qui t'en
« remercie encore une fois ici, de tout son
« cœur. »

Cette pensée de l'établissement de sa sœur, lui donne lieu d'exposer à sa mère, ses sentiments sur le mariage en général ; il lui écrivait :

« Je suis heureux de voir que tu passerais
« sur la question de fortune ; n'en est-ce pas
« une véritable qu'une excellente conduite
« et l'amour du travail ? Il est indispensable
« de bien réfléchir, avant de prendre un parti
« qui m'a toujours paru, depuis quelques

« années, le plus grand qui existe au point
« de vue humain. On voit tant de mauvais
« ménages, tant de souffrances intimes et de
« tous les instants. Le mariage doit être le
« meilleur état possible, après le sacerdoce.
« L'un et l'autre sont des institutions divines,
« et, par conséquent, institués pour notre
« bonheur ; mais, de fait, n'y a-t-il pas de
« très nombreuses exceptions ? Je termine
« toutes ces réflexions, qui ne sont guère à
« propos dans une lettre, mais elles auront
« cet avantage que, sur ce chapitre, tu sau-
« ras à quoi t'en tenir sur mon compte. »

Cette correspondance du fils à sa mère, et
réciproquement, fut très étendue, et, comme
on le voit, pleine d'épanchements. C'était l'ex-
pansion d'une âme naïve, aimante et sincère,
dans une autre âme sur laquelle elle savait
qu'elle pouvait compter. Voilà comment cet
excellent fils témoigne du prix qu'il attachait
à la correspondance maternelle :

« Je commence, pour le moment, un tra-

« vail de classement, qui me procure de vrais
« plaisirs de souvenirs. Tu sais que je pos-
« sède, à quelques-unes près, toutes les let-
« tres que tu m'as écrites depuis 1863 ; eh bien,
« je me propose de les mettre en ordre, tout en
« me procurant le doux plaisir de les lire. Je
« ne réponds pas de ne pas faire quelques
« exécutions pour quelques-unes qui seraient
« sans importance ou que je jugerais conte-
« nir des choses dont il est plutôt fâcheux
« qu'utile de conserver le souvenir, surtout
« par écrit. Ce n'est pas une petite entreprise,
« que ce classement, mais heureusement rien
« ne me presse, sinon l'agrément que leur
« lecture me procure. Que de doux souve-
« nirs ! Enfin, j'en rêve et j'en ai des distrac-
« tions au bureau. »

La triste année 1877 commençait, année
où se déclara la maladie qui devait emporter,
sept années plus tard, l'excellent jeune homme,
que l'on doit commencer à connaître en
le lisant. C'est maintenant comme malade,
comme exilé des siens, qu'on va le suivre,

si on s'est intéressé à cette vie toute modeste, mais qui déjà, aux yeux de Dieu, pouvait avoir eu quelques mérites, lesquels allaient s'accroître dans l'épreuve. Il en avait peut-être eu comme une sorte d'intuition, car le 6 janvier 1877, jour anniversaire de sa naissance, il écrivit à sa mère :

« Voilà, pour moi, une fameuse date! Ainsi
« donc, aujourd'hui, je suis plus vieux d'un
« an! L'année qui va suivre m'apportera-t-
« elle plus de joies que celle qui vient de
« finir? j'en doute. Je souhaite même que
« rien ne change pour moi, et je crois avoir
« passé une heureuse année. Content de ma
« position, content de mon sort; pouvant
« satisfaire à peu près mes goûts, que sou-
« haiter de plus? Je voudrais même que
« les années qui me restent à vivre s'écou-
« lassent aussi paisiblement que celle qui a
« fini hier pour moi, toutefois en rayant les
« rhumes de poitrine du programme; mais,
« pour penser aux autres, comment vont
« ma grand'mère et ma sœur chérie? »

Ce ne lui était certes pas habituel d'oublier les autres pour trop faire penser à lui, et bien loin de chercher à apitoyer sur son sort, quoiqu'il commençât à être souffrant, on le voit sans cesse s'appliquer à éviter que l'on ne s'inquiète sur son compte ; dans cette même lettre, il disait :

« En vérité, tout le monde est malade en
« ce moment ; aussi, par originalité, je vais
« achever de me guérir, pour ne pas faire
« comme tout le monde, si bien que quand
« tu reviendras, tu regretteras d'avoir eu pitié
« de mon sort. »

Facilement satisfait et facilement reconnaissant, il remerciait chaleureusement sa mère de cinquante francs d'étrennes qu'elle lui avait envoyés, et il ajoutait :

« Tu as bien pensé que, quoique venant
« d'obtenir une augmentation, je n'étais pas
« encore tout à fait millionnaire, et tu as
« jugé à propos d'ajouter cette somme, dont

« je te remercie encore une fois. Par exemple,
« qu'une augmentation te suggère l'idée d'une
« bru, cela est très aimable de ta part, mais
« je crois qu'en y réfléchissant, tu verras que
« ce rêve est encore extrêmement prématuré.
« J'ai toujours été en retard, et je le suis dans
« ma modeste carrière. Tu voudrais me voir
« sortir de ma solitude et me lancer dans le
« mariage; il faut bien méditer toutes les
« conséquences. Mon oncle H... me disait
« que l'on ne pouvait se marier à Paris sans
« avoir quatre à cinq mille francs; calcule à
« quel âge j'aurai quatre mille francs de trai-
« tement ? Il me faudrait attendre jusqu'à
« quarante et quelques années, en supposant
« d'abord que j'y arrive, ce que la Provi-
« dence ne m'a pas promis, et ce que, du
« reste, je ne lui demande pas, bien per--
« suadé que je ne serai jamais plus heu-
« reux dans l'avenir que maintenant. »

Deux mois après, il fallait partir pour le
Midi. Sa mère y resta huit mois avec lui, la
correspondance cesse donc pendant ce temps.

Un mieux très sensible s'étant manifesté promptement, le voyage en Italie et à Rome avait été permis. Combien le cher convalescent en a été satisfait ! C'est encore la joie de sa mère au milieu de sa douleur, que d'avoir pu donner ce bonheur à son enfant. Bien que, par modestie et une certaine timidité, il exprimât peu, il sentait vivement et appréciait les beautés qu'il voyait, et puis sa foi de chrétien lui offrait de ces jouissances dont Rome est prodigue pour ses visiteurs, et qu'il a su goûter.

Au mois de juillet de cette même année 1877, le médecin avait permis sa rentrée en Touraine ; mais, hélas ! cet été fut pluvieux et orageux ; au bout de quinze jours, il y avait rechute, et quinze jours après, on décidait qu'il fallait repartir pour le Midi. Pour dire tout avec une entière vérité, il se produisit alors, chez le pauvre malade, un pénible changement moral : son caractère s'irrita, et, sans doute, sous l'empire de la maladie et du découragement, le jeune homme doux, aimant, facile, devint maussade, exigeant, mécontent de tout,

ne semblant plus avoir pour sa mère l'affection qu'il lui avait toujours témoignée. Ce
fut un douloureux moment pour cette mère,
mais il ne dura pas longtemps. Aidé de la
grâce de Dieu, de son généreux naturel et
de ses vertus, même aussi physiquement,
Paul fut victorieux de lui-même; il surmonta
l'épreuve, et redevint patient, courageux et
excellent fils; sa mère le retrouvait, et de
plus en plus, elle devait voir cet enfant chéri
grandir dans la voie du bien, croître en résignation et en courage, accepter presque gaie-
ment une vie toute de sacrifices, et s'approcher
graduellement de la perfection.

Il recevait fréquemment les visites mater-
nelles; cependant il y avait encore de longs
mois d'isolement pour le pauvre enfant, et,
durant ce temps, ayant promis à sa mère de
lui dire tout ce qu'il éprouverait, il la tenait,
en effet, au courant des variations qui se
manifestaient dans cette pauvre santé déla-
brée. C'était pour correspondre au désir de
sa mère qu'il le faisait, et non pour se plaindre, car il n'y était pas porté; il était plutôt

disposé à présenter les choses sous un jour optimiste, à plaisanter de ses misères. Quand il parlait de son *mal de poumon*, de ses crépitements, il cherchait à mettre le palliatif à côté d'une communication attristante, à faire croire à une amélioration prochaine, lorsqu'il était obligé de faire part d'un état de santé plus mauvais.

Désireux et de s'occuper, et de diminuer pour ses parents les frais de sa vie dans le Midi, il avait accepté un emploi dans une maison de banque à Menton, toujours avec l'assentiment de ses parents, sans lequel il n'eût pris aucune décision. Cet emploi fut une distraction pour lui, mais aussi une fatigue au-dessus de ses forces; il fallut que son médecin et ses parents insistassent, pour qu'il y renonçât après une année d'essai. C'était en 1879. Le 8 mai de cette année, il écrivait à sa mère:

« Tu as vu assez juste en croyant que je
« commençais à m'ennuyer pas mal, ces jours
« derniers. Cela tenait à mon mauvais état

« de santé, qui, sans être encore bien brillant,
« est devenu bien meilleur, grâce au beau
« temps. C'est en somme une véritable re-
« chute que j'ai eue, il me semble du moins,
« tout aussi forte qu'à Loches, mais j'avais le
« grand avantage de me trouver tout trans-
« porté à Menton, ce qui m'a remis sur pieds
« en trois jours. Reste maintenant un peu de
« mal à l'estomac et au foie. »

Il reconnaît plus loin que le travail de bureau est trop fort pour lui, à la maison de
banque, surtout l'hiver, et qu'il ne pourra pas
recommencer l'hiver suivant, et il dit :

« Je voudrais bien tâcher de me caser à
« des conditions plus raisonnables qu'à cette
« Caisse de Crédit, car il y a beaucoup de tra-
« vail, surtout l'hiver ; je tiens à trouver un
« emploi qui ne me force pas à toujours
« vous faire dépenser pour moi ; c'est pour
« cela que je ne suis pas partisan des eaux
« que me conseille M. C... et dont il t'a sans
« doute parlé ; je t'occasionnerais trop de dé-

« penses, par ce déplacement coûteux. J'ai
« bien senti combien tu cherchais à me faire
« plaisir et en même temps à te sacrifier
« pour moi ; je t'en remercie de tout cœur,
« mais maintenant me voilà mieux ; j'ai fait
« ce matin une bonne promenade ; je pense
« que je finirai par me guérir à la longue. »

Beaucoup de lettres ressemblent à celle-ci.
Toujours courage, reconnaissance, affection,
abnégation, désir de faire plaisir, de condes-
cendre, de n'inquiéter pas, tout en restant
vrai.

A la fin de cette année 1879, Paul N... devait avoir non seulement la visite de sa mère,
qui se renouvelait presque deux fois par an,
mais en même temps celle de son père, qui
n'avait pu encore l'aller visiter dans le Midi.
Il venait d'être décidé que l'on irait en Italie,
et, après quelque hésitation, que Paul serait
du voyage ; il ne l'avait pas sollicité, il attendait la décision de ses parents à cet égard ;
mais son désir avait été compris ou du moins
deviné par eux, et, à l'annonce qu'il serait

satisfait, l'excellent fils avait exprimé sa joie
et sa reconnaissance. Le 11 août, il en parlait encore et disait :

« Je pense beaucoup depuis quelques jours
« à ce voyage, 'dont je me fais fête ; je relis
« mon guide à Rome, je lis un ouvrage sur
« l'Italie, je viens de m'acheter un petit
« dictionnaire italien, et je vais tâcher d'ap-
« prendre un peu cette langue. En relisant
« mon guide à Rome, je me rappelle bien
« les monuments et les lieux dont il est ques-
« tion. Pour moi qui ai une si mauvaise
« mémoire, voilà bien la preuve que ce séjour
« à Rome m'a bien intéressé et que, par con-
« séquent, il ne peut que m'être très agréable
« de le refaire une deuxième fois. J'ai pré-
« venu mon directeur que je quitterais la
« Caisse. Espérons que rien ne viendra à
« l'encontre de ces beaux projets. Tu as, pen-
« dant tant d'années, rêvé de voir Rome, son
« pape, ses basiliques, ses grandioses monu-
« ments et ses mille chefs-d'œuvre ; voici que,
« maintenant, non seulement tu n'en es plus

« à le désirer, mais que tu vas te procurer
« ce bonheur..... Si tu étais ici, tu pourrais
« te procurer le plaisir des bains de mer et y
« rester une heure sans avoir froid ; moi je
« n'en prends que quand il y a du soleil, et
« je cesse quand le temps se rafraîchit. Le
« moindre zéphir m'est aquilon, car ma santé
« n'est qu'un roseau ; mais, comme lui, Dieu
« merci, elle cède au moindre souffle des
« mauvaises impressions de température,
« mais sans que j'y succombe, comme ceux
« qui se croient chène, en fait de santé, et qui
« sont brusquement emportés. A propos de
« santé, n'oublie pas de me dire comment
« vont mes grands parents, dont je regrette
« bien d'être si longtemps éloigné. Adieu
« chère mère, ton futur Italien t'embrasse
« de tout cœur et te charge d'embrasser aussi
« tendrement le nouvel Italien (son père),
« auquel nous ferons les honneurs de ce beau
« pays. »

A la fin de cette même année 1879, au mois
de décembre, une jeune fille, habitant le même

hôtel que lui, succombait à une maladie de
poitrine. Paul N... écrivait à sa mère :

« Mlle D... continue à être dans un état à
« peu près désespéré ; le délire ne l'abandonne
« presque plus, et le prêtre est déjà venu trois
« fois inutilement. On a beau dire au père
« que sa fille est perdue, il ne veut pas s'en
« apercevoir, et on a fait demander M. le
« curé quand il était déjà trop tard. Tout
« n'est cependant pas désespéré pour le mo-
« ment, mais si elle ne succombe pas à ce
« qu'on croit être une méningite, sa maladie
« de poitrine ne pourra la laisser longtemps
« vivante. C'est un grand tort de ne pas ap-
« peler le prêtre à temps, surtout quand on
« sait que le malade est religieux. J'ai souvent
« souhaité de mourir plutôt de la poitrine
« que de toute autre maladie, parce qu'on
« conserve jusqu'à la fin sa connaissance,
« c'est du reste ce qui pourrait bien arriver ;
« mais, je t'en supplie d'avance, si tu étais
« auprès de moi, fais venir un prêtre en
« temps utile. Quelle douleur de ne pouvoir

« se réconcilier avec Dieu, avant de paraître
« devant Lui ! »

Craignant sans doute d'avoir affligé sa
mère, il se hâte de lui écrire la lettre suivante :

« Je crois devoir t'assurer que ma lettre
« ou du moins mes pensées, en t'écrivant,
« n'étaient pas tristes, mais seulement sé-
« rieuses. Je vois, du reste, que tu partages
« mes sentiments au sujet de l'important
« devoir des garde-malade. Il est naturel
« qu'une mort suggère des pensées religieuses,
« mais sans tristesse. »

Une mort qui le touchait de plus près, celle
de sa grand'mère, vint l'affliger au mois de
mars 1880. Il exprime ses regrets de l'avoir
perdue, et de n'avoir pu lui rendre les derniers devoirs.

Peu de temps après, sa mère lui annonçait
qu'une combinaison, rêvée depuis longtemps
par elle, semblait devoir réussir. Elle consis-
tait à conduire d'abord son cher enfant à

Luchon, pour ensuite le réunir à Arcachon à son père, à ses sœurs, à ses beaux-frères et à ses neveux et nièces. Il répondait ainsi à cette annonce :

« Ma bien chère mère, à l'instant je viens
« de recevoir ta très charmante lettre, dans
« laquelle tu me développes tes beaux plans
« de réunion pour le mois d'août. Je te re-
« mercie bien de tout mon cœur, de ce
« que tu veux bien faire pour mon agré-
« ment, plus encore que pour ma santé. Tu
« conçois que tout cela me va à ravir, et si
« je redoute encore quelque peu les change-
« ments de climat, le bonheur de me trouver
« dans une si complète et si agréable réunion
« que celle d'Arcachon, devra assurément
« m'empêcher de ressentir le moindre in-
« convénient de ce déplacement. J'attendais
« depuis quelque temps avec une certaine
« impatience que tu me fisses connaître tes
« plans à mon sujet, mais je ne pouvais assu-
« rément pas m'imaginer qu'ils étaient aussi
« bien réussis. Si, plusieurs fois, j'ai répété que

« je ne tenais pas à aller aux eaux, c'était au
« au fond, parce que je voudrais vous causer,
« à papa comme à toi, le moins de dépense
« possible; il me tarde de n'être plus à votre
« charge et de me tirer enfin d'affaire tout
« seul, comme autrefois dans ce grand Paris.
« Enfin, vous avez pesé cette question à tête
« reposée, et vous pouvez faire ce sacrifice
« d'argent pour le bonheur de vos trois en-
« fants; ils vous en remercient bien sincère-
« ment, et l'aîné, s'il ne sait pas si bien l'expri-
« mer que ses deux sœurs, le sent aussi vive-
« ment, croyez-le bien. Pourvu que, d'ici là,
« il n'arrive rien qui entrave ce beau plan,
« et que tout le monde, à l'heure dite, soit
« fidèle au charmant rendez-vous. Pour ma
« part, je réponds de moi, et en dépit du
« temps variable que nous avons encore ici,
« je tiens bon, et je n'en suis presque pas in-
« fluencé. Ainsi donc, dans moins de deux
« mois, nous sommes réunis d'abord tous les
« deux en face des Pyrénées, puis, toute une
« colonie à Arcachon. Il y a là de quoi gué-
« rir, à force de joie, un malade bien plus

« gravement atteint que moi. De ton côté ne
« te fatigue pas trop et ne te crois pas obligée
« de venir si loin au-devant de moi. »

Les voyages de Luchon et d'Arcachon eu-
rent lieu, et de plus, entre les deux, une halte
de trois jours à Lourdes, au moment précisé-
ment où s'y trouvait le grand pèlerinage de
Paris. Les douces et religieuses impressions
du pieux jeune homme furent grandes, et il
reparla souvent de cette halte à Lourdes,
comme de l'un de ses meilleurs souvenirs.

Au retour d'Arcachon, ce ne fut plus à
Menton que Paul s'installa, mais à Hyères, où
il pensait trouver, peut-être, l'occupation qu'il
désirait. Écrivant, en manière de journal, à sa
mère, il commençait, au 1er janvier 1881, une
lettre qu'il poursuivait le 2, le 3 et le 4 du
même mois, pour la terminer le 5, veille de
l'anniversaire de sa naissance, et il disait :

« Un premier de l'an, quand on n'est pas en
« famille, et c'est mon cas ici, c'est tout sim-
« plement le premier jour de l'année, et il

« n'a pas plus d'importance que le second
« ou le dixième, par exemple ; mais tu penses
« bien que ma pensée s'est constamment
« portée vers Paris (sa mère y était alors
« chez une de ses filles). »

Il parle ensuite de différentes personnes de
l'hôtel où il était à Hyères ; de M. l'abbé R.,
ami de sa famille qu'il attendait, et qui est,
en effet, allé passer trois mois près de lui ;
se plaçant dans le même hôtel, et lui apportant ainsi, pendant quelque temps, un adou-
cissement dans son exil, qu'il a beaucoup
goûté et apprécié. Enfin, à la fin de cette lettre,
à la date du 5, il écrit :

« Nous avons, depuis quelques jours, une
« famille parisienne ; ils sont tous aimables,
« mais bien tristes de la mort du jeune
« homme si distingué qu'ils viennent de
« perdre au Caire, à vingt-quatre ans, après
« deux ans de mariage. Il avait passé tous
« ses examens de droit en treize mois. Si
« j'en pouvais faire autant, j'aurais plus faci-

« lement une position. Voici la trente-deuxième
« fois que je compte le 5 janvier dans mon exis-
« tence, mais, demain, je verrai mon trente-
« troisième 6 janvier. La chose n'est peut-être
« pas tout à fait exacte au point de vue phy-
« sique, car le jour de ma naissance je n'y
« voyais, sans doute, guère clair. Ce temps
« commence à être loin, où je n'aimais qu'une
« chose, c'était le sein maternel ; maintenant,
« avec mes trente-trois ans, mon affection
« s'est étendue à toute la personne et s'est
« trente-trois fois accrue ; c'est pourquoi,
« chère mère, je t'embrasse avec beaucoup
« plus de cœur qu'il y a trente-trois ans.

Aimant aussi tendrement les siens, le
pauvre exilé ne pouvait manquer d'éprouver parfois de vives aspirations pour la vie
de famille ; il était rare qu'il le laissât voir,
mais, évidemment, c'était la crainte de
déplaire à ses parents, sa soumission filiale et
sa résignation, qui retenaient presque toujours
l'expression de son désir. Après avoir passé
l'hiver à Hyères, il était allé passer l'été au

Mourillon, près de Toulon, et avant qu'il n'allât l'hiver suivant à Cannes, projet formé qui se réalisa, il écrivait à sa mère, du Mourillon :

« Dans ta lettre de vendredi, tu éclaircis
« la question de Cannes ; nous voici tout à
« fait, ce me semble, du même avis ; resterait
« à trouver un emploi pas trop absorbant,
« cela paierait à peu près la différence de
« dépense, et on pourrait revenir ici l'été.
« J'espère bien même pouvoir sans incon-
« vénient remonter bien plus haut sur le sol
« français et revoir l'année prochaine, sinon
« Paris, du moins Loches, s'il n'y a pas d'ani-
« croche, comme tout semble le faire croire.
« Pourquoi ne pas revenir un peu à la vie
« commune, du moment que je reviens à
« une santé passable ? Je m'aguerris ; remer-
« cions-en de bon cœur la Providence, et,
« tout en restant toujours prudent et sur le
« qui-vive, je puis rentrer à petit bruit, dans
« la vie de tout le monde. Hier encore, je me
« tâtais ce vilain côté gauche, jadis si dou-
« loureux en plusieurs endroits, mais malgré

« mes recherches je n'ai pu trouver un point
« tant soit peu sensible ; je puis me coucher
« sur le côté gauche, au moins une partie de
« la nuit, ce que j'ai été longtemps à redouter
« beaucoup ; je joue de temps en temps un peu
« de flûte, je ne prolonge pas ces petits essais
« au delà de dix minutes, et de la sorte, loin
« de me faire du mal, je croirais volontiers
« qu'ils occasionnent au poumon, encore un
« peu faible, un petit exercice qui lui redonne
« des forces, sans aller jusqu'à la *fatigation*
« (mot de sa petite nièce). C'était, du reste, je
« crois bien m'en souvenir, l'avis du méde-
« cin, essayer quelques minutes et cesser
« complètement, si on éprouvait un mauvais
« effet. En voilà bien long sur mon individu,
« tu ne te plaindras pas et cette fois, que je n'aie,
« pas assez parlé de moi. Je crois, en somme,
« qu'aujourd'hui nous pouvons nous rassu-
« rer sur mon compte : j'ai été à peu près à la
« limite extrême, et frisé de très près la phthi-
« sie pulmonaire, mais je pense bien main-
« tenant en réchapper ; la société n'y gagnera
« pas beaucoup, moi-même non plus ; mais

« puisque j'ai des cœurs qui m'aiment, je vais
« leur conserver encore un peu ma chance-
« lante existence, à condition qu'ils me con-
« serveront la leur. Autre détail : voici que je
« me mets parfois à chanter tout seul, histoire
« de procurer aussi un exercice à mes pou-
« mons ; ils ne le trouvent pas mauvais et s'y
« prêtent d'assez bonne grâce, mais quels
« vilains sons voilés ! »

Il y avait en effet de l'amélioration dans l'état
du bon et patient malade, amélioration lente
mais progressive, qui faisait penser aux médecins que, si une guérison complète était
incertaine, la prolongation de la vie jusqu'à
la vieillesse semblait s'affirmer, à moins d'in-
cidents ou de complications imprévues. Avec
cette amélioration dans son état de santé dont
il se rendait compte (ce qui lui faisait écrire
qu'il n'était sans doute pas *embourbé pour
toujours dans son mal de poumon*), le désir
de se faire une situation lui revenait plus
ardent. Des démarches furent faites dans diffé-
rents sens. C'est surtout une perception qu'il

aurait voulu obtenir. Presque toutes ses lettres de cette époque ont rapport à ses préoc-
cupations à ce sujet. Quoi qu'il en soit, son
séjour à Cannes eut des bons côtés et lui
apporta assez de satisfaction pour que ce fut
peut-être son plus agréable séjour méridional.
D'une part, il était mieux comme santé, de
l'autre, il fut accueilli, on pourrait dire
adopté, par une excellente famille qui adou-
cit son isolement ; il y faisait de la musique,
il essayait du violon, ne pouvant pas continuer l'étude de la flûte ; il y était quelquefois
reçu à table ; il trouvait une conformité de
goûts et de convictions qui établissait la sympathie. En outre de cette famille, deux jésuites
qu'il trouva à Cannes lui furent d'un grand
secours. L'un, le père G..., faisait réimpri-
mer un ouvrage et le prit comme copiste,
travail qu'il pouvait prendre et quitter à loi-
sir, et était pour lui l'occasion de relations
agréables. L'autre, le père P..., fut excellent
pour lui et en fit en quelque sorte son jeune
ami. La lecture qu'il aimait beaucoup, l'étude
du violon, les promenades dans les environs

de Cannes qu'il trouva charmants, et la correspondance avec sa mère, achevaient de remplir ses journées; en général, il ne semblait pas être triste, pourtant dans sa lettre du 22 juin 1882, il laisse voir un peu de tristesse :

« C'est pour moi un assez grand regret de
« ne pouvoir toucher à ma flûte, du moins
« sans crainte et sans avoir l'appréhension de
« me fatiguer, mais enfin nous sommes tous
« destinés à avoir nos chagrins, peut-être
« même n'ai-je pas trop à me plaindre pour
« ma part, quoiqu'une maladie interminable
« soit une lourde tuile à certaines heures,
« mais laissons là les jérémiades qui ne ser-
« vent à rien et qui, d'ailleurs, ne sont heu-
« reusement, ni de mon goût ni dans mon tem-
« pérament. Du reste, voilà que je mords au
« violon, auquel je suis obligé de reconnaître
« une immense supériorité sur la flûte. »

Ailleurs il dit :

« J'échangerais bien la plus jolie villa de

« Cannes pour ma petite chambre de l'hô-
« tel du Borystène. »

On a pu remarquer combien ce bon fils,
lorsqu'il avait laissé paraître quelque tristesse
et peut-être du découragement, était empressé
à apporter un correctif. Cette remarque s'ap-
pliquerait encore à une lettre du 3o juin. Un
député avait cherché à lui faire obtenir la perception qu'il désirait tant et n'avait pas réussi.

« C'est une illusion de plus qu'il faut
« abandonner sur le chemin de l'existence ;
« c'est ainsi, en effet, que se passe la vie ; on
« espère, on s'illusionne, puis, petit à petit,
« et, en quelque sorte, morceau par morceau,
« nous devons tout perdre, tout abandonner.
« Pourtant il existe une grande espérance au
« cœur du chrétien, qui ne lui est jamais ra-
« vie : c'est celle-là qui console de la perte de
« toutes les autres. Mais ne va pas t'imagi-
« ner qu'avec toutes ces belles pensées je suis
« triste ; il n'en est rien. »

Cette année 1882 devait apporter au fils qui chérissait ses parents, une joie suivie de bien près d'un douloureux deuil. Pendant les vacances judiciaires, son père se joignit à sa mère pour le venir visiter. Cette seconde visite de son père, depuis qu'il était dans le Midi, dura six semaines, mais hélas, c'était une visite d'adieu. Sans que rien l'ait pu faire prévoir, Monsieur N..., quatre jours après son retour de Cannes, mourrait subitement. Ce fut le bon père P..., qui accepta et remplit avec grand dévouement la pénible mission d'annoncer au pauvre jeune homme, déjà si éprouvé, qu'il n'avait plus de père. Voici sa lettre du 1er décembre 1882.

« Ma pauvre chère mère, un grand cha-
« grin vient de nous frapper ! De ma terre
« d'exil je prends part de tout cœur à votre
« grande douleur. Le bon Dieu vient de nous
« ravir au moment où nous nous y atten-
« dions le moins, à toi un époux chéri, à
« moi un père bien bon et bien dévoué pour
« tous ses enfants. Qui eût pu croire, en le

« voyant si bien portant ici, presqu'hier
« encore, que je ne le reverrai plus jamais,
« du moins sur la terre. Enfin, prions bien la
« bonté divine de tenir compte de tous les
« bons sentiments dont il était animé, et espé-
« rons que nous aurons la consolation de le
« retrouver auprès du trône de Dieu. Que la
« prière est une grande consolation dans les
« douleurs de cette sorte, et qu'ils sont mal-
« heureux ceux qui ne la connaissent pas !...
« Moi aussi, bien tendre mère, je te sup-
« plie de te ménager, de te soigner, et puisque
« c'est moi qui puis le mieux l'obtenir, c'est
« moi qui l'exige le plus. Tu commets à mon
« profit des injustices d'affection dont je suis
« profondément touché, et, dans la mesure
« de mes forces, je te rends mes plus ardents
« témoignages d'affection et de dévouement,
« tout particulièrement en ce douloureux mo-
« ment où la mort vient nous ravir un ami. »

Il parle des personnes qui l'ont entouré de
sympathie et lui sont venues apporter des
consolations, particulièrement de Madame
V... et du père P..., puis il termine ainsi :

« Allons, chère et tendre mère, reprends
« courage, rattache-toi à tes enfants, puisque
« Dieu te ravit ton mari ; ils s'attacheront
« encore plus à toi, parce que leur affection
« filiale ne sera plus divisée. »

Il y aurait trop de redites, si on citait les
lettres qui ont suivi celle-là ; on y trouve
toujours les regrets du fils et sa tendre sollicitude pour sa mère, ses affectueuses recom-
mandations et ses sentiments de piété tou-
chant l'âme de son père ; il se réjouit qu'on
l'aide à prier pour lui, et il dit en parlant de
bons parents qu'il avait à Tours, et qu'il
aimait beaucoup :

« Tu as dû être reçue par la bonne famille
« R... aussi bien qu'on peut recevoir son
« meilleur ami ; ils sont si charitables et si
« compatissants aux peines d'autrui ! Je suis
« heureux de penser qu'ils ont bien voulu
« unir leurs ferventes prières à celles que
« nous adressons, ces jours-ci, au Ciel, pour
« l'âme de notre cher défunt. Ce sont des voix

« bien connues Là-Haut et leurs désirs doivent
« être grandement pris en considération.
« Que ne puis-je imiter leur piété et avoir
« un peu de leurs mérites ! »

Sa mère avait hâte de revoir son pauvre
enfant affligé ; elle se rendit donc près de lui
pour quelques semaines, dès qu'elle le put.
La santé de ce cher enfant se maintenait et
était alors relativement assez satisfaisante ;
aussi parut-il possible à la mère et au fils de
chercher à rentrer dans les cadres du Ministère, et de s'acheminer légalement vers une perception en s'attachant à une trésorerie géné-
rale, comme le conseil en avait été donné au
raisonnable et sérieux jeune homme, qui désirait depuis si longtemps avoir une situation.
Il semblait possible de se faire agréer à Nice ;
c'est le sujet principal de la correspondance
entre le fils et la mère, jusqu'au mois de mai,
où Paul N... fut appelé à la Trésorerie géné-
rale de Nice. Il lui fallut quitter Cannes, c'é-
tait un sacrifice à faire, puisqu'il se séparait
de personnes pleines de bienveillance pour

lui, mais il y trouva une compensation en
prenant possession d'un emploi qui semblait
le conduire à un but, et, dans la carrière
brisée du pauvre jeune homme, un but était
beaucoup. Hélas, il ne devait pas le pour-
suivre longtemps, la Providence le dirigeait
vers un autre bien plus heureux, sans
doute, mais bien plus douloureux pour ceux
qui l'aimaient.

Durant l'été, tout marcha bien. Les lettres
de Paul sont pleines des détails qu'il donne
à sa mère sur ses nouvelles occupations, sur
les bons rapports qu'elles lui ont créés, sur
sa santé dont il se dit content, reconnaissant
qu'il n'est souffrant que par le mauvais
temps et que cela ne dure pas. Il termine
ainsi la lettre du 1er juin 1883 :

« Embrassons-nous de cœur, bonne santé
« à tous; je retrouve la mienne, je vous
« souhaite de vous porter tous aussi bien que
« moi aujourd'hui, mais pas si mal que moi,
« ces jours derniers. »

Au mois de septembre, il eut la joie de voir une partie de sa famille ; sa mère ne lui vint pas seule, elle lui amenait sa sœur aînée, son beau-frère, son jeune neveu, sa petite nièce et deux grands cousins. A l'aîné de ces deux cousins, qui avait perdu son père quelques semaines avant la mort du sien, il avait écrit alors : « Nous étions parents par le sang, « nous voilà frères dans la douleur. »

Pour le pauvre exilé, cette réunion fut une fête de cœur ; il eut un petit congé qu'il vint passer à Cannes, avec ce petit groupe de famille qui le suivit ensuite à Nice, tandis qu'il y reprenait son travail à la Trésorerie. Au commencement d'octobre, sa mère seule lui restait encore un peu, et cherchait avec lui une bonne installation pour son hiver. La Providence fit découvrir ce que l'on désirait. Paul N... fut reçu sous le toit et à la table d'un ecclésiastique, qui ne tarda pas à le considérer et à le traiter bien plutôt en ami qu'en pensionnaire. Sa mère le quitta vers le milieu de novembre, contente des conditions dans lesquelles elle laissait son cher enfant. Mais son médecin, admirable de dévouement et dans la famille duquel il trouvait des amis, ne tarda pas à s'apercevoir peu après que ce que son malade avait bien supporté dans la belle saison, ne pouvait lui convenir dans la mauvaise où les fenêtres étaient fermées, où l'on ne respirait plus un bon air, où tout le temps favorable à la promenade se passait au bureau. Il offrait donc à Paul de se faire intermédiaire auprès du Trésorier, afin d'obtenir des conditions spéciales pour son jeune employé pendant l'hiver. La proposition fut acceptée, Paul, toujours reconnaissant, remerciait chaudement son médecin du service qu'il lui avait rendu. Mais, par suite de malheureuses circonstances, l'exécution du plan consenti entre le Trésorier et son employé ne put de suite être mis à exécution. La santé du pauvre malade en souffrait visiblement. A sa mère qui commençait à s'alarmer, il écrivait le 12 décembre :

« Vois-tu, trop tendre mère, le grave in-

« convénient de te dire toute la vérité? Je
« reçois ta dépêche dont je n'ai, Dieu merci,
« nul besoin de tenir compte, mais elle me
« contrarie, parce que je vois qu'à distance
« tu as grossi le mal. Oh! quel microscope
« que cet amour maternel! on lui signale une
« égratignure, il voit une plaie profonde.
« J'ai été et je suis encore fatigué, si tu
« veux très fatigué, mais voilà tout. Du reste,
« je me hâte de te dire que déjà, aujourd'hui,
« cela va un peu mieux ; le mal de tête et le mal
« de cœur ont disparu, c'est bien quelque
« chose ; reste un peu de toussaillercie, mais
« moins douloureuse assurément, et aussi
« moins fréquente. A présent que te voilà ras-
« surée sur mon compte, je vais te rassurer
« également sur la question du bureau. Hier
« au soir, en quittant à quatre heures, j'ai été
« trouver M. le Trésorier et lui ai dit que
« j'avais absolument besoin qu'il veuille bien
« mettre mon remplaçant en fonction. Je lui
« ai dit que je viendrais de temps et temps ;
« probablement tous les jours, sauf nouvelle
« avarie de santé ou temps épouvantable.

« Pour aujourd'hui, voilà ma journée : J'ai
« pris mon lait dans mon lit, et me suis levé
« un peu ahuri, vers neuf heures, puis, avec
« le bon soleil et le temps magnifique d'au-
« jourd'hui, je me suis senti mieux. J'ai été
« au bureau à dix heures ; mon absence ne
« gênait guère, et mon remplaçant était déjà
« en place ; je lui ai donné quelques explica-
« tions, et je suis reparti à onze heures pour
« lézarder de nouveau. En définitive, il y a
« déjà du progrès, et le mieux va continuer si
« le beau temps continue. Je dois te signaler
« toutes les attentions de l'abbé B... à mon
« égard ; il voulait hier absolument m'em-
« pêcher d'aller à mon bureau. Ainsi donc,
« sache bien que tu n'as aucune raison de te
« tourmenter ; tu sais bien que chaque hiver
« j'ai quelques jours un peu mauvais, et puis
« cela passe, et je reviens à un état passable.
« Le physique n'est qu'un peu boiteux, et
« quant au moral, tu sais bien qu'il n'a pres-
« que jamais faibli ; du moins cette fois-ci
« je n'y ai pas songé. Excuse-moi de ne pas
« écrire davantage, mais je sens bien encore

« quelque fatigue dans les reins. Lis entre les
« lignes toutes les tendresses que j'y voudrais
« mettre pour toi, mes sœurs et leur famille.

« Ton vieux Trompe-la-mort,

« PAUL N... »

C'est ainsi que, bien malade déjà, le courageux enfant surmontait la fatigue pour
rassurer sa mère. Mû par un même sentiment,
quand plus tard elle fut près de lui et le con-
sidérait anxieusement pendant ses quintes
de toux si pénibles, il lui disait pendant un
instant d'arrêt dans la quinte :

« Ce n'est pas très douloureux ; » ou bien :
« Je crois que la quinte va bientôt finir ; » ou
bien : « Si je tousse maintenant, je ne tousserai
« pas plus tard, j'aurai une meilleure nuit, etc. »

Deux jours après cette lettre du 12 décembre, il cherchait encore à ôter toute inquiétude au cœur de sa mère et lui écrivait
qu'il avait vu son médecin, lequel avait paru
le trouver de même, et allait sans doute le lui
écrire. Il dit que l'appétit revient, que le

mal de tête est imperceptible, que la cour-
bature a disparu, etc., et termine ainsi :

« Là-dessus, portez-vous tous bien mieux
« que moi, ce qui est plus important et
« plus utile. A toi, chère mère, le plus
« tendre des baisers filiaux de ton vieux bon-
« homme de fils.
                                    « P. N... »

Un symptôme nouveau survenait, Paul N...
en informe sa mère avec la franchise qu'il
lui avait promise, mais toujours en cherchant
à ne la pas inquiéter, et sur un ton de philosophie presque gaie.

« Je viens de me lever, dit-il, j'ai fait le
« paresseux ce matin, parce que le temps est
« couvert et surtout pour essayer de recou-
« vrer la parole, car, pour varier, me voilà
« maintenant gratifié d'une extinction de
« voix bien réussie. Il faut bien que je goûte
« un peu, l'une après l'autre, toutes les
« petites misères d'une santé détraquée. Et

« pourtant l'état général est assez satisfaisant ;
« je marche volontiers, je mange bien, je
« dors suffisamment.

« J'espère bien avoir à t'écrire prochaine-
« ment que toutes ces misères ont disparu et
« que je reprends goût à la vie. »

Était-il vraiment disposé à reprendre goût
à la vie, ce jeune homme qui avait confié
à l'abbé B... qu'il n'y tenait que pour sa mère ?
C'est douteux, et ce l'est davantage encore si
on a connu sa lettre du 25 décembre qui
impressionna vivement celle à laquelle il
l'adressait ; impression douce et consolante
en un sens, pour la mère qui avait peut-être
le droit, jusqu'à un certain point, de se sentir
heureuse et fière d'avoir élevé cet enfant ;
mais impression déchirante pour son cœur,
à la pensée que sans doute le fruit était mûr
et que, comme le lui écrivait suavement une
amie, lorsque ce cher enfant n'était plus : *Il
était de ceux qui, tout jeunes encore, ont le
droit de frapper avec confiance à la porte du
Ciel et de dire : Ouvreȝ-moi.*

N'y a-t-il pas comme une intuition de la fin de ses souffrances, comme une affirmation de bonheur prochain et un avant-goût du Ciel, dans ces lignes de Paul N... à sa mère, écrites d'une manière si candide :

« Le beau jour de Noël devrait pourtant
« être gai pour moi, et cependant il n'en est
« rien. Naturellement j'ai commencé ma
« journée par aller recevoir l'Enfant Jésus
« dans mon cœur. Il m'a encouragé à conti-
« nuer d'être patient en face de toutes ces
« épreuves, qui se succèdent pour moi depuis
« quelque temps. Il m'a semblé qu'Il me
« promettait que ça allait bientôt cesser.
« Enfin, bref, en pleine église je me suis senti
« ému comme une petite fille, mais que ces
« émotions sont douces et précieuses ! Me
« croiras-tu si je te dis qu'il m'est même
« échappé quelques larmes ? Oh oui ! que le
« bon Dieu dans sa sagesse me destine à ne
« plus cesser d'être malade, je l'accepte, mais
« en le suppliant de venir remplacer, comme
« ce matin dans son sanctuaire, mes idées

« noires par de surnaturelles espérances, mes
« ennuis par ses divines et ineffables conso-
« lations. Oh pardon, chère mère, excuse un
« début de lettre si extraordinaire ; est-ce
« donc ainsi que je compte t'instruire de ce
« qui se passe autour de moi et répondre à
« tes questions? Il est vrai que cela te fait
« voir ce qui se passe au dedans. Il y a eu
« ennui, tristesse, cette fois le moral a été
« légèrement entamé, mais chez moi il se
« guérit bien vite et bien complètement, sur-
« tout quand le médecin qui s'en charge est
« l'Enfant Jésus lui-même. »

En outre des ennuis et des sacrifices aux-
quels le soumettait sa santé, une épreuve
d'une autre sorte s'était présentée à lui
dans ces derniers temps et il y fait allusion.
S'il n'est pas permis de transcrire ici tout ce
qu'il en écrivait à sa mère, il sera du moins
permis de dire à ceux qui, en lisant ces pages,
se seraient attachés et auraient estimé celui
dont elles parlent, qu'à ce moment-là surtout,
il se rendit bien digne d'estime.

Une vie plus heureuse avait semblé s'offrir à lui, il n'osa pas l'accepter, sa délicatesse et sa conscience l'arrêtèrent. Sa santé put se ressentir de la lutte généreuse qui se livrait à l'intérieur, mais à défaut de la force physique, la force morale de l'homme de foi ne fut pas vaincue, et ceux qui ont été initiés à ces choses peuvent croire que Dieu enregistra alors un mérite de plus et un droit nouveau à l'éternelle récompense.

Malgré les espérances d'amélioration que Paul N... cherchait toujours à donner, et bien qu'il parlât de sa santé de ce ton léger qui tend à bannir l'inquiétude, l'état du pauvre malade devenait très préoccupant, et sa mère se rendit auprès de lui le 1er janvier 1884.

Pourquoi ne pas citer, comme preuve de cette simple et courageuse philosophie, la lettre qu'il lui écrivait avant son arrivée :

« Quelque peu d'aliments ont pu s'assimi-
« ler hier, sans trop de résistance ; malheu-
« reusement, le soir, après avoir mangé à la
« lettre une cuillerée de soupe et bu une

« goutte de vin d'Alicante très baptisée, il m'a
« fallu, au bout de quatre minutes .... Du
« reste, l'opération est courte, et si elle n'est
« pas poétique, je commence à m'habituer à
« m'y livrer selon les règles. Un quart d'heure
« après, j'ai mangé une grappe de raisin,
« non sans quelque tremblement ; heureuse-
« ment elle a passé, et après une nuit relative-
« ment bonne et tranquille, j'ai pris ce matin
« une tasse de lait qui me paraît passer. Tu
« ne diras pas, cette fois, que je ne donne
« pas de détails ; on est si volontiers porté à
« parler de soi-même ; on est si disposé à
« faire connaître ce qui nous touche person-
« nellement. Mais crois-le, chère mère, ce
« n'est pas pour me complaire dans ma ché-
« tive personne, qui en ce moment ne vaut
« pas cher, que je me suis ainsi étendu, c'est
« parce que tu y trouveras sans doute quel-
« que intérêt, en ta qualité de mère. »

Avant la fin de l'année, Paul N... ayant
été interrogé en lettre par sa mère, sur ce qui
pourrait lui être le plus agréable pour ses

étrennes, avait répondu que ce serait sa présence et la vie en commun avec elle. Pendant quelque temps, il fut satisfait dans cet affectueux désir, puisque le 1er janvier elle accourait auprès de lui. Elle ne saurait oublier le regard si tendre et presque joyeux qui accompagna ces mots : « Eh bien ! j'ai ce « que je désirais. »

Il y eut des alternatives de mieux et de moins bien dans l'état du cher malade, dont la douceur, la patience, l'aimable humeur ne se démentirent jamais. Les médecins ne paraissaient nullement désespérer du retour à l'état ordinaire. Celui qui l'avait soigné au début et qui, malgré les changements de résidence, ne l'avait jamais perdu de vue, disait : « Il s'est « déjà relevé de plusieurs rechutes, pourquoi « ne se relèverait-il pas de celle-là ? Nous « l'avons vu bien plus mal qu'à présent. »

Vers la fin de janvier, il y eut même un mieux très marqué du côté de la poitrine. Il fut tel que sa mère conçut un espoir qui ne devait pas tarder à se changer en de douloureuses angoisses ; elle put croire, quelques

jours, que ses ardentes prières pour ce fils si
bon et si cher étaient exaucées ; mais ce
n'était plus comme elle le supposait qu'elles
devaient l'être. Dieu aussi voulait le bonheur de celui qui n'était jamais sorti de la
droite voie et pratiquait d'humbles vertus qu'Il avait bien su découvrir, mais il
voulait lui donner le bonheur éternel et sans
mélange qu'on ne goûte qu'en l'autre monde,
et Il l'y conviait doucement. Le cher malade
aussi crut à sa guérison et témoignait de sa
satisfaction et de son étonnement de ce qu'il
dormait toute sa nuit sans quintes de toux ou
*avec des quintes diminuées, comme les appel-
lerait un musicien*, disait-il, toujours enclin
à plaisanter de ses misères et souffrances. Il
constatait aussi que la voix revenait, qu'il
n'avait plus de difficulté à prendre telle ou
telle position dans son lit, qu'il s'y trouvait
bien et n'était plus pressé de le quitter le
matin comme autrefois. Le médecin avait
constaté aussi avec étonnement ce mieux,
mais la cause ne tarda pas à se faire connaître. Si la poitrine se dégageait, c'est que le foie

se prenait, puis ensuite ce fut la tête. Paul y éprouva d'abord quelques douleurs violentes, mais ensuite vint un état de somnolence presque continuel; c'était la méningite qui venait apporter une nouvelle complication.

Sa mère et une parente dévouée qui était venue se joindre à elle, purent espérer que leur cher malade souffrait peu, car presque toujours, lorsqu'on lui demandait comment il se trouvait, il répondait: «Assez bien.» Il ne formula d'ailleurs aucune plainte, ne témoigna aucun ennui. Il consentait à tout ce que l'on voulait de lui; jamais malade ne se montra plus facile et plus doux. Il ne fut alité qu'une dizaine de jours, mais à partir de ce moment, les forces déclinèrent rapidement; ce ne furent pas seulement les forces physiques, la tête s'affaiblit aussi, et chaque jour il parlait moins et semblait plus absorbé. Cependant il répondait encore; il souhaitait le bonjour à ses médecins; il remercia son confesseur de sa visite, et lui dit qu'il était bien aimable d'être venu le voir, mais il ne prenait pas la parole sans y être provoqué.

Jusqu'à quel point Paul N... eut-il conscience du dénouement qui approchait, il a été difficile de le savoir. Il ne fit aucune recommandation ni aucun adieu, à moins que sa mère ne doive considérer comme tel le baiser qu'il manifesta vouloir lui donner l'avant-veille de sa mort, déchirant et doux souvenir pour elle. Il est à croire que le vertueux jeune homme aura entrevu par moment la délivrance, sans que ses forces intellectuelles lui en permissent une vue claire et nette, ni surtout prolongée ; il est d'ailleurs probable qu'il n'aurait pas voulu d'attendrissement et que, bon fils jusqu'à la fin, il ménageait sa mère. Sa belle âme jouissait sans doute d'une grande paix, car ce front pur et beau, que sa mère aimait à couvrir de baisers ne révéla jamais un seul moment ni angoisse ni trouble.

Ce qui permet encore de supposer que Paul N... entrevoyait par moment l'appel de Dieu, c'est que ses regards se portaient souvent en haut, et le mouvement de ses lèvres indiquait qu'il prononçait des paroles. Ce qui peut être regardé aussi comme indice plus sûr des pensées de celui qui s'acheminait vers l'Éternité, c'est que, quatre jours avant le dernier, sa mère lui parla du crucifix qu'il avait rapporté de Rome, qui avait reçu entre ses mains la bénédiction du Saint Père et auquel il tenait beaucoup. Elle lui dit que, sans doute, il aimerait à l'avoir auprès de lui, et lui demanda où le trouver. Paul répondit plus par signe qu'autrement, mais fit très bien comprendre où on le trouverait. Ses garde-malade, c'est-à-dire sa mère et sa parente, lui placèrent ce crucifix plus à portée que celui qui décorait toujours sa chambre, partout où il allait, et un soir, le malade, qui faisait pourtant bien peu de mouvements, le détacha de la muraille, l'embrassa et le tint longtemps entre ses mains. Il devait encore le tenir ainsi dans la nuit qui précéda la dernière, et si serré, que la religieuse qui veillait auprès de lui en ce moment ne put le lui retirer. Elle craignait qu'il ne se fît mal, car la fièvre l'agitait alors.

Avant de placer cette religieuse auprès de lui pour la nuit, le dimanche 3 février, sa mère, qui avait peine à se décider à aller prendre un repos devenu nécessaire, sans savoir ce que son fils pourrait éprouver de cet éloignement de quelques heures, lui dit qu'elle était un peu souffrante et qu'elle se faisait remplacer momentanément par une bonne sœur qui voulait bien le soigner. Il fit un signe d'assentiment. Cependant, voulant être plus sûre encore de l'impression que pourrait ressentir son bien-aimé malade, sa mère, appuyant davantage, ajouta : « Cela ne te contrarie pas ? » et l'excellent fils, qui ne connaissait pas l'égoïsme, répondit d'une manière très intelligible, quoique avec quelque difficulté : « *Non, certainement.* »

Ce furent les dernières paroles qui purent être clairement recueillies par sa mère, mais auparavant, le jeudi 31 janvier, il s'était confessé, et le pieux et dévoué prêtre qui entendit sa confession, a dit qu'il était encore en état de la faire alors, bien qu'il fallût compter avec la somnolence, et attendre quelquefois un moment de plus complète lucidité.

Le lendemain, vendredi, il communiait en viatique. Quoiqu'il n'ait proféré aucune parole, il semblait bien comprendre, au moins par moment.

Le dimanche, à cinq heures du soir, il recevait l'Extrême-Onction. Il eut aussi la consolation de recevoir la bénédiction papale.

Ce fut dans la nuit du lundi 4 au mardi 5 février, à deux heures et demie, qu'il rendit son âme à Dieu, sans qu'il y ait eu de lutte violente ; l'agonie fut courte, ses traits ne s'altérèrent pas. « Il dort, » dit le médecin, dans sa visite du lendemain.

C'était en effet, pour le corps, le repos et la la fin des souffrances ; elles furent si courageusement et si chrétiennement supportées, qu'il semble permis de croire que ce fut en même temps pour l'âme le commencement de l'éternel bonheur. Il était mort comme il avait vécu, dans la simplicité.

Tous ceux qui l'ont connu pendant ces années passées dans le Midi, l'ont aimé. Peutêtre ceux qui ne le connaissaient pas, se seront-ils affectionnés, en lisant ces lignes, à cette nature droite, franche, sans égoïsmes,

modeste et vertueuse, sans vouloir le paraître.
Pour ceux qui l'avaient connu, mais qui
l'avaient perdu de vue durant ces sept années
d'exil, ils auront peut-être trouvé quelque
intérêt à le mieux connaître, à le considérer
à nouveau, grandi dans l'épreuve et dans la
souffrance physique et morale, et, sans doute,
tous plaindront la mère à laquelle ce fils avait
été donné et à laquelle il a été retiré.

Mais Dieu aussi l'aura aimé, et pour ceux
qu'Il aime, Dieu est riche en miséricorde et
en bienfaits; Il donne à ces élus la félicité
éternelle en compensation des maux de cette
vie. Cette confiante espérance est le baume le
plus efficace pour le déchirement que cause la
séparation et en particulier pour la douleur
des mères *qui en est la suprême douleur, parce
que leur amour est le suprême amour.*

IMPRIMERIE PAUL BOUSREZ, 5, RUE DE LUCÉ, A TOURS.